Moi, Ferdinand, quand j'étais pirate

Pour mes petits amis pirates…
R. G.

Loi n°49956 du 16 juillet 1949 sur les publications destinées à la jeunesse
ISBN 978-2-09-252866-2
N° éditeur : 10168728 - Dépôt légal : mai 2010
Imprimé en France par Pollina - L54183

René Gouichoux

Moi, Ferdinand, quand j'étais pirate

Illustrations de Christophe Merlin

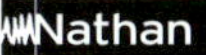

Un jour, je construisis
un radeau, car j'étais pirate.
Je mis le radeau à l'eau.
Juste comme j'embarquais,
j'entendis une voix de géante…

– Ferdinand ! Surveille ton frère.
– Je peux pas, je suis pirate.
– Ferdinand ! répéta la géante.
Occupe-toi de ton frère !

Je me retournai. Il était là.
Bébé, baba, bibi, bobo, bubu.
– Et toi, Trésor, sois bien sage
avec ton grand frère, ajouta la géante.
– Viens avec moi, Trésor, ricanai-je,
j'ai une surprise pour toi.

Alors, je conduisis Trésor
dans ma chambre…

Je fermai la porte à clef
et je partis en radeau.
CAR J'ÉTAIS PIRATE !
Je pagayais, je pagayais.
Rapidement, je m'éloignai
du rivage.

Tout à coup, je le vis devant moi,
énorme, gigantesque, terrifiant :
un bateau avec d'autres pirates.

Sans réfléchir, je bondis,
le sabre à la main.
CLIC, CLAC,
je coupai les cordages
et les voiles s’affalèrent
sur les bandits des mers.
J’étais maître du navire.

Je descendis dans la chambre du capitaine.
Sur son bureau, je trouvai une carte : la carte du trésor.
– Voilà ce que je cherchais, murmurai-je.

Je remontai.
Les pirates me regardaient,
terrifiés et tremblants.

– Ne revenez jamais, dis-je.
Ils promirent.
– Le seul pirate, ici, c'est moi.
Compris ?
– Oui, mon capitaine.
Aussitôt, je quittai le navire.

J'accostai à la rive la plus proche.
J'observai ma carte.
Elle indiquait une route et,
au bout de la route, une maison
avec une croix au premier étage.

Je repartis.
Je traversai une forêt,
me frayant un passage
parmi les lianes.

Tout à coup, un énorme serpent surgit au-dessus de ma tête.

– Halte-là, dis-je, car je parlais serpent. Halte-là ! Indique-moi le chemin de cette maison.
– C’est tout droit, dit le serpent en s’écartant de mon passage.

Hop, hop, j'avançai
en coupant des lianes épaisses.
Un lion surgit, rugissant
et féroce.

Je l'attrapai par la crinière
et lui dis (car je parlais lion aussi) :
– Cesse de rugir ! Indique-moi plutôt
le chemin de cette maison.
– Vous y êtes, me dit-il en bégayant :
c'est à peine à cinq minutes d'ici.

Je le lâchai. Il s'enfuit.
Je repris ma route.

Le lion avait dit vrai.
Bientôt, à la sortie de la forêt,
j'aperçus la maison.
Je la reconnus facilement :
c'était la mienne.

Je m'avançai, le sabre à la main.
Le trésor m'attendait.
Ce n'était plus qu'une question
de minutes, de secondes.

Je poussai la porte, doucement.
J'avançai à pas de pirate,
(les pas de pirate font encore
moins de bruit que les pas de loup).

Je grimpai l'escalier,
toujours à pas de pirate.
Enfin, je fus sur le palier.
Face à moi, une porte.
Et derrière cette porte, le trésor.
J'ouvris lentement.

Juste comme j'ouvrais,
la géante se dressa devant moi,
énorme, immense, terrifiante.

Et elle cria :
– QUI A OSÉ ENFERMER SON PETIT FRÈRE DANS SON COFFRE À JOUETS ?
– Mais c'était lui, le trésor, dis-je pour m'expliquer.

Inutile ! Je dus rendre les armes, mon tricorne, mon sabre, mon bandeau sur l'œil, mon gilet à clous, même ma jambe de bois.

La géante m'enferma, s'éloignant
avec Mon Trésor dans les bras.
Elle verrouilla la porte,
CLIC, CLAC, à double tour.
J'entendis son pas dans l'escalier.
Aussitôt, je bondis vers mon armoire.
Je dénichai mon habit d'Indien.
Je m'appelais **Jaguar Féroce** !

Je m'allongeai sur mon lit et pensai :
« Dès que je sortirai d'ici,
je ferai la danse du scalp
autour du poteau. »

ET DEVINEZ QUI SERA
ATTACHÉ AU POTEAU ?

René Gouichoux

René Gouichoux, Breton du bout du monde, pourrait avoir des ancêtres corsaires ou pirates et raconter de sanglantes histoires d'abordage. Mais ce n'est pas le cas. Du coup, il préfère inventer des histoires plus vraies que si elles avaient été vécues.

Christophe Merlin

Quand il était petit, Merlin avait une auto à pédales, une grosse, tout en fer. Alors forcément, il rêvait d'être pilote. En Bretagne, dans la grande maison où il a passé son enfance, le bas des murs ainsi que quelques arbustes s'en souviennent encore…

Découvre l'extrait d'un nathanpoche

Moi, Ferdinand, quand j'étais un monstre

de René Gouichoux
illustré par Christophe Merlin

« Un jour, je me réveillai, j'étais un monstre. J'avais une tête de monstre, un corps de monstre, des bras et des jambes de monstre.

Je traversai un couloir, humant l'air comme un monstre.

Oon Oon Oon Oon.

J'avançai encore. Soudain, face à moi, une géante. Elle préparait le petit déjeuner à son mioche. J'avançais toujours. »

La rencontre entre Ferdinand le monstre et la géante aux pouvoirs magiques risque d'être explosive ! Raaaaaaaaaaaah !